YO PACO, EL QUIJOTE Y SANCHO

Ora Pro no Bis

Biografía exhaustiva de un jefe de Estado poco recomendado,
que además de no pagar impuestos iba de franco

Edita: Arola Editors
1a edició: juny 2025
© Amat Pellejà
Disseny gràfic: Arola Editors
Impressió: Gràfiques Arrels
ISBN: 979-13-990364-6-6
Dipòsit legal: T 560-2025

Polígon Francolí, parcel·la 3
43006 Tarragona
Tel.: 977 553 707
Fax: 902 877 365
arola@arolaeditors.com
arolaeditors.com

YO PACO, EL QUIJOTE Y SANCHO

Ora Pro no Bis

Biografía exhaustiva de un jefe de Estado poco recomendado,
que además de no pagar impuestos iba de franco

Amat Pellejà

Yo por ser Franco de nacimiento y convección… por decir, hacer (a cuestas si es
preciso) las cosas tal y como suenan por explosión, ahí va este manual dirigido,
a parte de a mi parienta que es muy ella (sino se enfada), a to la VOX POPULI que
por lo de culto sigue esta "mi doctrina" al pie de la letra… a letra por el intelecto
que tienen tos estos fehacientes discípulos uno a uno; y por tanto a apechugar
trincheras. Va también va pa tos mis descendientes que demuestren en el futuro
que yo tuve algo que ver en el asunto terrenal y así siguiendo mis pasos aprendan
a espabilarse en este Universo que les a tocao. También va pal primo Cervantes que
cacé en la biblioteca. Fue él, herido y manco de Lepanto, quien se inventó al flaco
y al gordo pa mi gusto y pa que yo los entrenase durante la muy noble campaña
nacional. En precipicio, fue buena la labor que hicieron (tan solo cayeron dos).
Luego, pos mando un beso a quien lea el voluminoso este to entero. No me olvido
de G. W. Pabst por lo de imagen y del Doré por ser musa de estos garabatos.

Amado lector, juro aunque no te lo creas que este libro es el más discreto que mi mente cultivada ha podido engendrar.

El que todo Love vive arriba y así por lo de bueno que es nos comunica, está en todas partes, siempre nos observa y por tanto nos conoce tan bien como él mesmo. Nadie te ama más claro, sus impuestos no tienen fin (el que los evade lo tiene claro), su equipo es poder rico, sabio y a más enteramente eterno... todo lo que existe no lo declara, ya que es suyo y ya por eso... todo se lo debemos con sacrificio y por no ser nuestro, así tanto y mucho le entregamos nuestro correspondiente día a día con valor (por lo que pudiere) y también van nuestros deberes como así es lo obligado. !El tomó esta decisión!. Pido pendón por lo ortográfico pero la culpa es del compadre ese que se mea pegao en el frente ruidoso de batalla y lo tengo apostolado encima to el día. El tío es de los de abajo de la península y de tan solitario solicita la mía Compañía. Y esa que ya va por allí yo se la presto como postre y caridad por estrecho de mollera y por corto (aunque hable largo) de tanto apechugar en el asunto aunque sea infiltrado aficionado. Se come todas las frases, mayormente a tijeretazos, pero siempre deja alguna de propina y los maquis se lo agradecen. Por educado que es uno, dejo yo que alguno del enemigo apunte bien (a ver si acierta) y lo mate pa mi descanso.

Aprovecho pa decir que entre pariéntesis el corregidor pone sus aclaraciones para que se entienda más todo lo que he escrito, ya que uno es previsor y esos del irpyF y más los del Copirralla te piden explicaciones, si no cumples igual te deshaucian y ya tan depuestos estos tiempos por el virusclima que nos ha tocao y lo demás, igual cojo un refrito de constipado del que no cura. Haré caso a mi abuelo que de sabio i entrenado por lo diestro, no lo gana ni el Messi As que aún ha de venir. Ése, según las antiguas escrituras, va a meter muchos balones en la cesta pa los últimos de la clase. Bueno; tal como se dice: el horno no es pa bollos y uno tiene que cuidarse pa lo que viene.

En tiempos del desluvio universal, Él castiga a los hombres (comunistas en general) por sus pecados, pero luego se arrepiente y sosegao ya en su lugar impasible que muy alto (cielo) les da una única oportunidad.

P. NEDUDA

La quietud es tan y grande que hasta la moza más estèril se muestra con tanto amor por lo divino
que por lo y por fecunda se ofrece al pueblo llano para colmarle de incògnitas maravillas y... tal
como predijo mi bruja de buena facha. despues de nueve meses y un minuto !llego Yo!.

En un lugar de la Mancha, cuyo nombre no es muy cuerdo, no ha mucho que vivia un semejante de los de lanza en artilleria, harto de antiguo por roncar, flacucho como un galgo pa no verle y asi por lo de incognito pasar desapercibio. El tal se hacia por de pronto el despistao y así nadie podía arremeterle. Una gran olla de más o menos carne de vaca se la cruspía por la noche y pa postre iba el corregidor.

Yo se que hay muchos que me envidian, al verme a tus pies tan vivo y coleando!,Vos sí señor mío sois el verdadero dueño deste cautivo. El que ahora habla es Sancho y prosigo en finiquito que este amo y señor Quijote, me da miedo que quede tan emparedado por tantos y muchos libros debido a su entrenamiento en juegos malabares con la loba de La Mancha.

Quebrantos de muelas los sabados, lentejas en apuro los viernes, y algun palomino seco añadido los domingos, merendaba si le visitaba la moza de la hacienda. Sé breve en tu razon y miento si no le digo que todo esto me lo a mandao el jefe (Mesias, no confundir con el Messi As) y todo por culpa del facha ese con botas y bigote que pronto va a venir.

Señor, se me han podrido más de cuatro cosas en mi estómago y el resto (lo sobrante) lo tengo a punto
de evacuar, por tanto me parece que sera mejor qué nos vayamos a servir a algún emperador que tenga
alguna guerra, en cuyo vicio y trato justo, pueda vuesa merced mostrar lo tan capaz de su persona.

Cada día Sancho descubro en vos valores que me reobligan y fuerzan a que en más os estime demasiado.
No digo mal, solo falta ahora mirar qué rey de los gatos o de los paganos tenga guerras, pero... será
menestro que te rapes las barbas a menudo, quan tu hermoso rostro quede así esculpido.

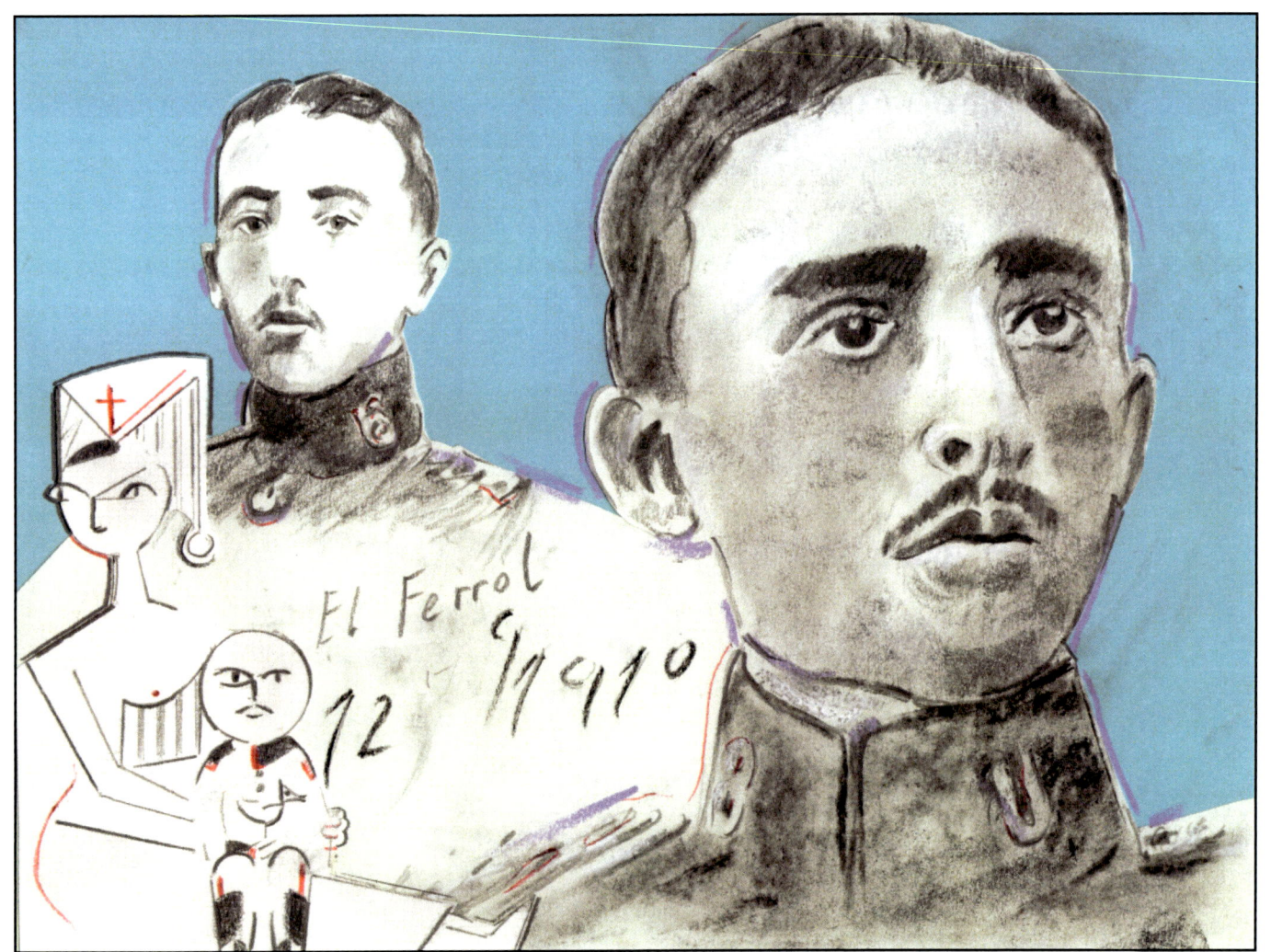

Querido Paco: Desde que pasaste por mi lado lado pa dejar tanto chupete por ser Grande, no ha pasado otra sin que nuestra conversión haya caido por adelanto, cosa que me regocija ahora el que ya tengas tantas buenas en tu ayuno ... y con alborozo gozoso por Delgado. Tu Patron espera que con y aún con hambre estes bien.

Han pasado unos días y yo como su hada irresponsable busco a Paquito y no lo encuentro. Los huevos no los veo por ningun lado y eso que busco y miro. Però! de pronto aparece un pajarito abriendo su boca repitiendo tan incansablemente Pío Pio... y por tanto lo de santificado de la Roma, que de pronto me mareo y abandono la jugada.

Melilla 1912 -Y no violable Querida: Aunque mi olfato en el Servicio sea la causa de ser reo ascendido
a teniente por mostacho (miembro despierto para oler), espero ese ya poder sanarlo en mi próxima
y así ponerte en correspondencia como mereces y ser más alto que tu.(que ya me toca)

Muchas son las veces que un polluelo coloreado (que es un potro) la emprende contra todos los del corral, lo que pone en dispersión a toda la comunidad. No por eso recelo; la mayoria son gallinas en su mayor parte.

Isabelita llega tan reluciente (me desmayo al verla), pues a pesar de tos sus viciós y oficiós no va a llover esta mañana que luce bien por guapa y a más con mucho sol. Así que el que no asista a mi escuela, mucho le va a pesar por no alcanzar desde la tierra el cielo (pa cuando sea mayor).

No debeis salir al campo frio sin ir acompañados (y luego toso) con buena y resuelta mi escopeta, tal vez no es mucho adivinar que vienen grandes tiempos. Hoy precisamente he prestado un gran Servicio sin averias en el frente ! lo juro i a más lo certifico! a El gracias... por desgracia el huerto ha quedado tan molido que hasta al burro le ha dolido.

Agosto 1913- Puesto de los Irregulares Indigentes: Aqui con los africanos, però grandes en valor y lo agradezco en Ifni... las oraciones que por mi rezan y no dudo que ni en continència son oidas también de bien (no tan solo de refilete) y asi de castizo por el mismo o por cualquier otro sendero dando golpes al corazón, aquí y así! estoy yo de frito en la arena caliente por tanto sol.

Querido Paco tan bién molido pero mal andante. Aqui tu bella Dulcinea echando polvos malabares en cantidad antes de la ebullición por las historias que me cuentas y pa disimular un poco la verruga de la nariz. Si esta bién no queda y te enfadas me da igual, ya que cuando me pongo a tiro y de ti no quiero saber nada, Tu así por la cara y sin permiso te metes en mi cama.

He recibido por El Africano (tren con marcha de la buena), la ropa y la jamona que ha venido bien en el envio, así ya pronto me comí con gusto la rolliza tan pronto la recibí. !A más! al peinarme el medio calvo por la noche, la cena me entro con gusto (pata de puerco) y soy muy satisfecho. Ah! a El que esta en los cielos le doy mil gracias y el resto de los huesos va pa los africanos.

Les reparto la Benevolente (cruz militar recibida en anticipo): De Diciembre del 25 que ya estoy en la tarea ascendiendo con gusto por tanto monta i monta tanto a Capitan y a más con motivo de saborear un poco pero a mi gusto a la Natividad, esa que deseo para Uds muy feliz, gratis, pero sin excessosss... !Ojala pudiera yo!

En el silencio de la noche, que ocupa el dulce sueño a los normales (remejorando al presente), la pobre
lleva mi cuenta, con suspiros y acentos desiguales y yo le mando flores. !Como tú!. Hermoso cuerpo
ya esculpulido, prefiero verme, oh! bella ingrata muerto, antes que estar arrecostado.

Estimable y fraternal: Me ha compuesto mucho tu sencilla, ya que has de saber que como y el porque te mande a este paraiso (con todo lo que tu vales), però más que lo obligado pa mi eso es ya más que lo primero.! Y Vivo Yo y no mi compadre que de tan suyo ques, le comprao un borrico pa ver si desta desaparece de una vez.

Cuando la espada de ancha cazoleta se rehunde sin flotar y tal vez por eso, reluce y luze su empunyadura deslumbrante. Redoblan los cataplines y ya viene por la copla y de contento el arcangel moribundo.

Por el sol que nos alumbra! A la formación! —Ahí esta el toque aunque ese es flojo y temprano. Ya uno mío que es! pa la villa se va ya a tomar lo suyo.

Un grupo armaestrado cierra el paso con aspecto amenazante. Huelen (recordando la última
tormenta) y duros con la mirada dicen; Venimos de visita por un rato...

y uno se queda pensando en silencio y se dice (de interrogar). Sí tienes razón però...
¿Quiénes son los malos del rebaño en la nueva pel·lícula del Hooliwuud?.

Ante la multitud y esto ya lleva mucho camino. Pero hay que proseguir de profeta como el Moises
y así por lo listo tan solo EL con sus rayos y flechas puede salvar nuestro rebaño.

A ese que va de guapo y eficiente por el hecho de comerse a todas las de color por tenerlas sin lavar (uñas) y aquí por lo de limpio le he comprado una tijeras de sierra de esas grandes que se enchufan. Ya de paso las estelares anuncian que el gramófono se ha perdido y hay que proseguir con la gran obra... con rugido y todo aúnque sea en alfabeto mudo.

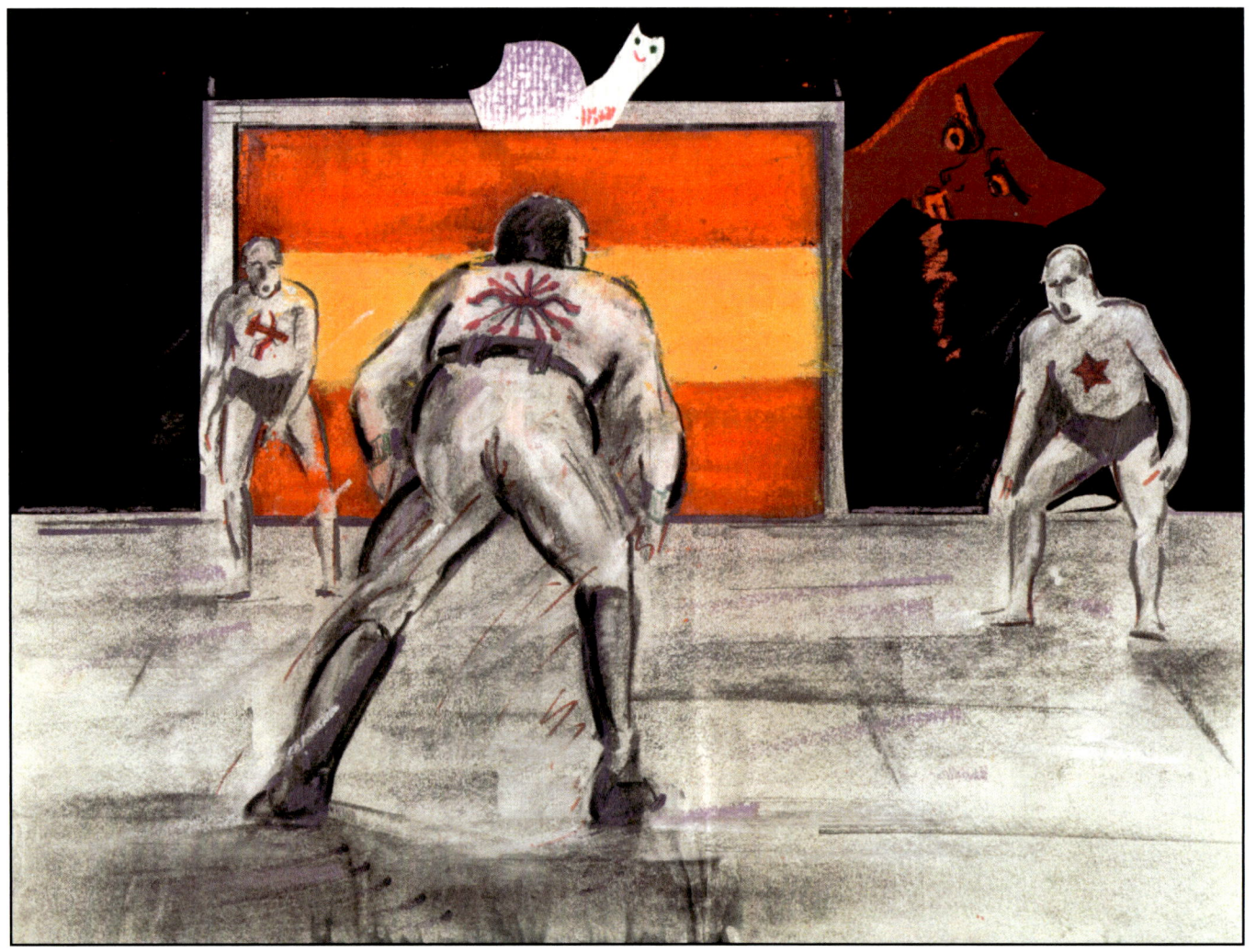

Pa bien de nuestra alma, todas las cosas inmundas! Eso lo dice Queipo (el de todo lo llano) en el sermón que ha dao en la montaña Sinaí y a más me ha concebido y concedido por la gracia y por decreto, que la hostia que le pegue le lleve hasta Saturno.

"¿Como puede reconocerme si nunca me ha visto? No soy santo de altar! responde el germano, sino gran pecador! Vos sí Paco, que debéis ser bueno. Y así por desprevenido y muy bien colocado le doy la vuelta, lo hinco de rodillas y le cojo el instrumento pa que cante por soleares... ¿a ver si puede?.

Dando muestras de grandísimo, proseguimos sin alborotos (pa eso están los rifles) y ya por el mucho rato en la ratonera, de ratón no queda tan poco ni uno. Prueba fehaciente de que esto empieza a funcionar.

Acércate para que te vea a lo perfecto. Y digo A ver! Los niños han salido de tiro con esa la maestra que todo
lo sabe y presupone cuando dice la niña ¡Qué fuerza tiene el viento! Y una ráfaga se lo lleva...

Aqui para intinterrogar como Tintin el de Herge a los clientes (y no es copia) he pensao en aplicar un
"Piensa luego no existes" y colgar la frase bien grande, pa que así al verla tan mayúscula el pringao
se lo piense y cante. Pa premio igual le pongo un plató de lentejas... de las crudas.

Creo que este país esta tan pleeno !Ejem! Si recibo una orden razón noble, a to
quisqui me lo cargo y pa premio le doy al carnicero lo más gordo

Sosiégo señor mío, y no te alborotes ni sigas a ese con artrosis aunque sea un pecador (eso me
lo dice la Petra que como es bien sabido es criada pa to lo que no hace falta, però yo sigo con
lo mío y a quien me escuche que no le oiga venir, porque me lo como de placer.

 Para vuestro bién aplicaos pa lo forzudo y a fondo -Por ahora es impossible y lo dice la Dolores !Por intsofacto la corto! i sigo con el discurso. Quien aprende en esa escuela es bien pa aprovechar.

.....Y me vas a pagar a mi lo mismo que a los del circo del Fofo !Ya lo creo!

¿Que te parece apunto bién? –Pues sí me parece que acertao. Creo que a este paso dado
tus adelantos te pongo de primo y de primero pa pelar en linea de combate.

 Y eso ella! me lo dice sin que yo se lo pregunte bufff... que bién es cada uno usando el buen oficio
para el que fue nacido, pudiendo el menda recostarme a la sombra de la encina en el càmping
veraniego a lo Curchill! A más! Pa postre me he hartao de gazpachos del vecino.

Y en este mismo punto, no le respondo porque creo que no es prueba fehaciente, ya que desnudo nací y asi a pelo y calvo ni pierdo ni gano. Por compasión y acompasao con buén ritmo, Le beso con patada en ristre, lodespido y le mando pa viajar en el Tren tan Siberiano.

I vengan los que vinieren; Vuesa alteza se lo ruego a usted señor cosaco de los melindros
de la estepa tan refría. Yo no tengo (ni aúnque afine como gato)

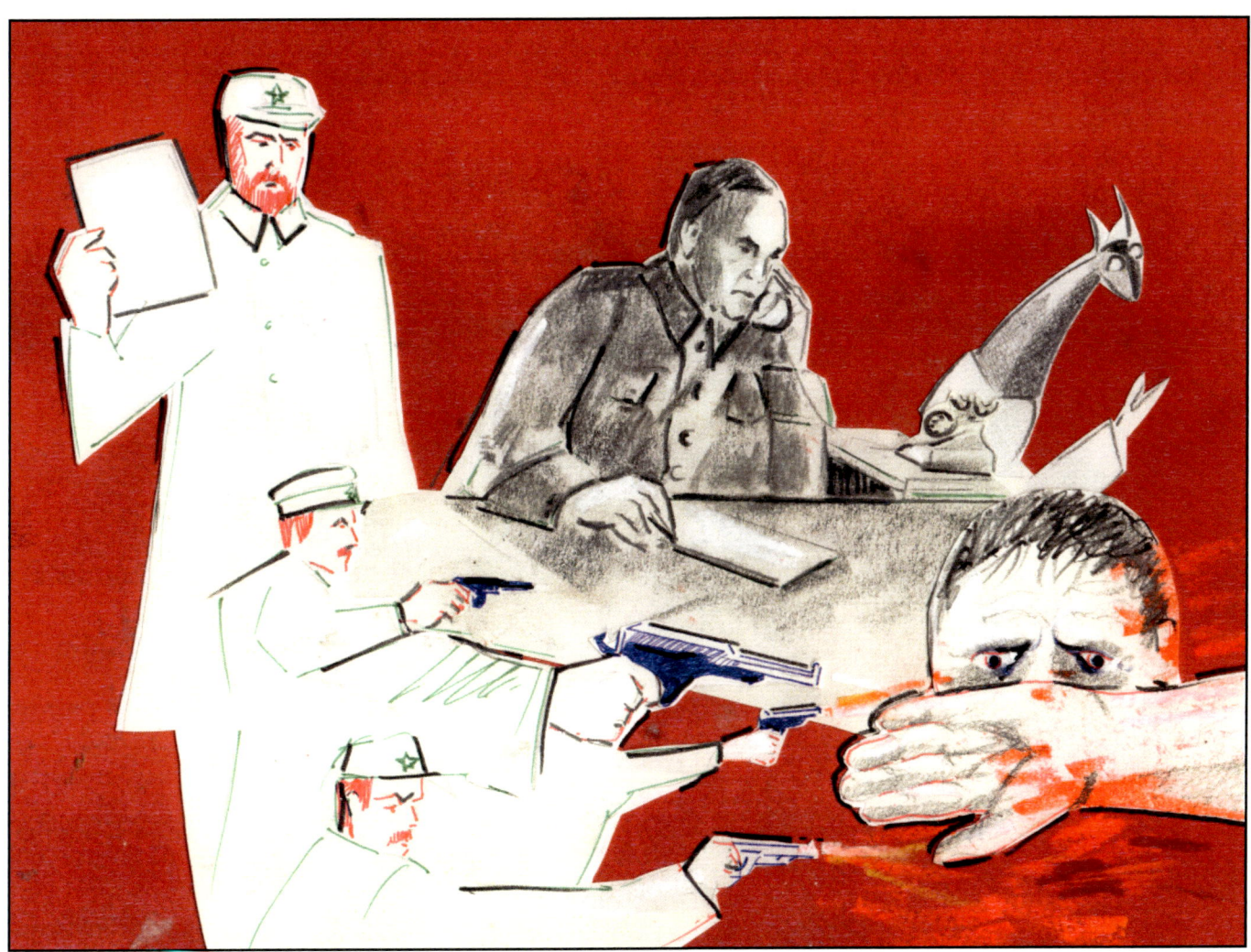

Es ya de despertar! Pues piensa que mientras duermes, esos comunistas todo lo matan.

Aqui el tiempo por el calor es tan lisonjero que flipo por lo hondo. Así por lo de cosaco y rojo
estoy yo por estas latitudes desta manera. Pa mi rigor ¡Juro que he de vengarme!

A pleno sol el rojo da en el clavo y en el mismo punto un monstruo sumido en la penumbra entra en el despacho. Dejo la puerta abierta por si acaso...

Ahora en el comic entro como bueno !Digo yo que el estar tan solicitao, debe ser por eso de llevar
siempre en línea la montura y el cartucho por entrepiernas... ese (además lo juro) nunca falla.

Como monarca soborbonico! me aprendo to el rosario más el credo porque eso me viene de la tara abuela, ya que me acuerdo de los paseos que me daban cuando aún yo era infante con biberon y por virtuoso y santificao… quan de memòria, citaba los visigodos y to los vikingos de carretilla. Ella la tía iba derecha al grano y me ponia la marcha real por ser tan bueno y eficiente en la faena.

Estimadísimo: Tomo la pluma de Pancho el gallo de la Villa i me pongo de fiesta, ya que por ordenado la conservo muy buena y limpia por recuerdo y eso que ha pasado mucho el tiempo que pase verandeando y pinte toda la población. Fue duro però tan bien, el reto artístico y a más gratis los ratos que pase con tu prima a la cual no se... hasta si darás en parte mía, tu un beso.

A este mes acuerdense mucho de lo traspuesto y dado por muerto que estaba uno por flaco en el hospital
de un balazo en los de abajo, Si este oficio no fuera tan por lo santo yo estaria como las brujas sin
metralleta. Cuales son... que al carecer de escoba caen y se venden por lo más ligero.

 Y yo aquí en la pesca de aficionao viendo a las mozas con los cantaros y llega a tal suburbion mi pasión…
(pero me aguanto), que quisiera arrancarme el que tengo medio caduco y a más mermao por sin uso.

¡O mi amo! Ahora es tiempo que vuesa se apiade deste escudero, que con gran pesar y por
obligado de tanto por repelo y de pelar sirve a su parienta sin remedio...

!A esos les entrego los juguetes pa que aprendan algo de provecho. Lo que es a mí y pa que cunda, me quedo con el cañón!

Mío: Te participo quel Quijote lo deja todo inscrito, ya que a las cinco en punto cada día y sin aviso,
se lleva a to los peques a la corrida y además hoy satraido a su potro pa que lo mate.

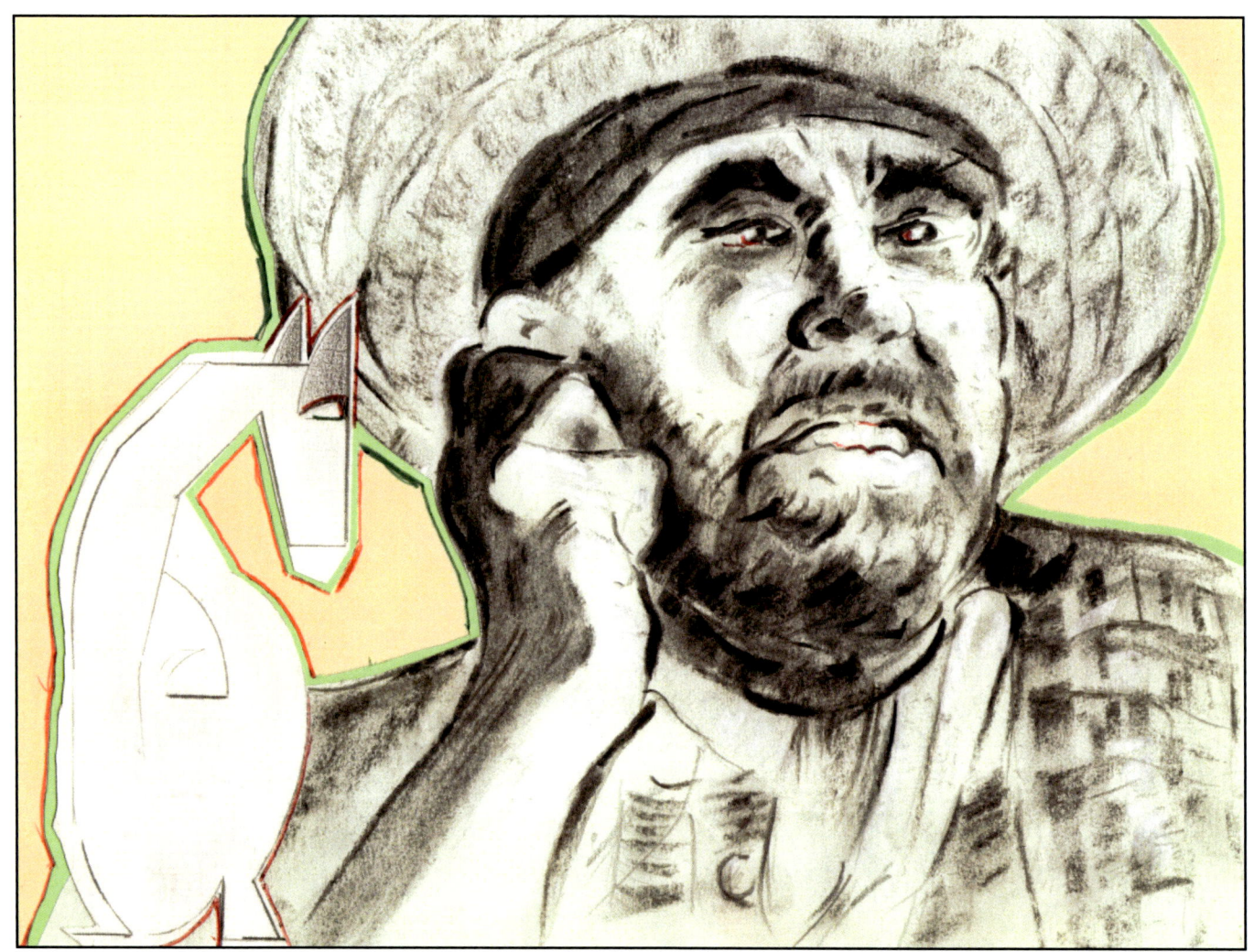

Yo por lo de Sancho. A ese el del kiosko del Prado, le he mandado que controle a todos los que compran el Jueves. Por ser día de la semana aún tiene pase, però lo que es por revista no la trago (cada día me sacan mas gordo). Juro que les monto un pollo por lo grande, que ni por Navidades se lo tragan.

Yo no sé, mi señor, por eso llevo siempre el pajaro en alto y seña, a más lo pregunto y aún no es cosa manifiesta ¿el porque al oir los tiros a to el mundo se le corta la digestión?.

Ya de infantil tocaba el silbato como Azaña para mandar (con mala leche) al espabilao de torno y así se me
pario de firme. Más aun tengo que aguantar a la que viene, una de materia buena con su equipo y todas las
flechas que las trae a sabiendas un Primo de los Rivera (que a más torea con arte disciplinao)

El Quijote cuando ha visto el tinglado que le tengo preparado no sale de su asombro y eso que le tengo avisado que siga mis consejos y no se pase de rosca con mi doncella.

Bueno serà el día quel amo, cuando que venda esta tierra lo haga en declarado. Ya algunos como yo, estamos hasta los plomos de tanto de Africa con calor.

!OH!! Que perfume aromático balsámico y divino huelo en la ventana a través de par en par ya abierta! Y
el menda tan despierto como siempre, que ya me encuentro preparado mi campo de batalla.

Aqui en mis sueños: Yo en la romeria cortejando pa arriba a la parienta a ojo que vislumbra...y así de bueno como de despiste infantil en la rueda de la fortuna solo le marco un beso... pero interrumpido ya que entra mi familia (con bufon) predicando el evangelio.

Ella! Perla en frente omnisciente y pulcra a más, que no rechaza el lustre, todo porque aún le queda a una en la huerta la duda. Así obligado (como los indios levitando)... me elevo pa el celeste, por todo lo que aún le queda.

«¡Ojo por ojo, diente por diente!»

Ya te digo amigo Sancho, que aún no se ve en el ajo (por sabio ques) a lo que sabe tu achaque de barriga, y tampoco acierto a ver, si el Paco que viene de los moros, lleva to sus frailes pa que rezen en la mazmorra o los trae pa cambiarlos en el Rastro.

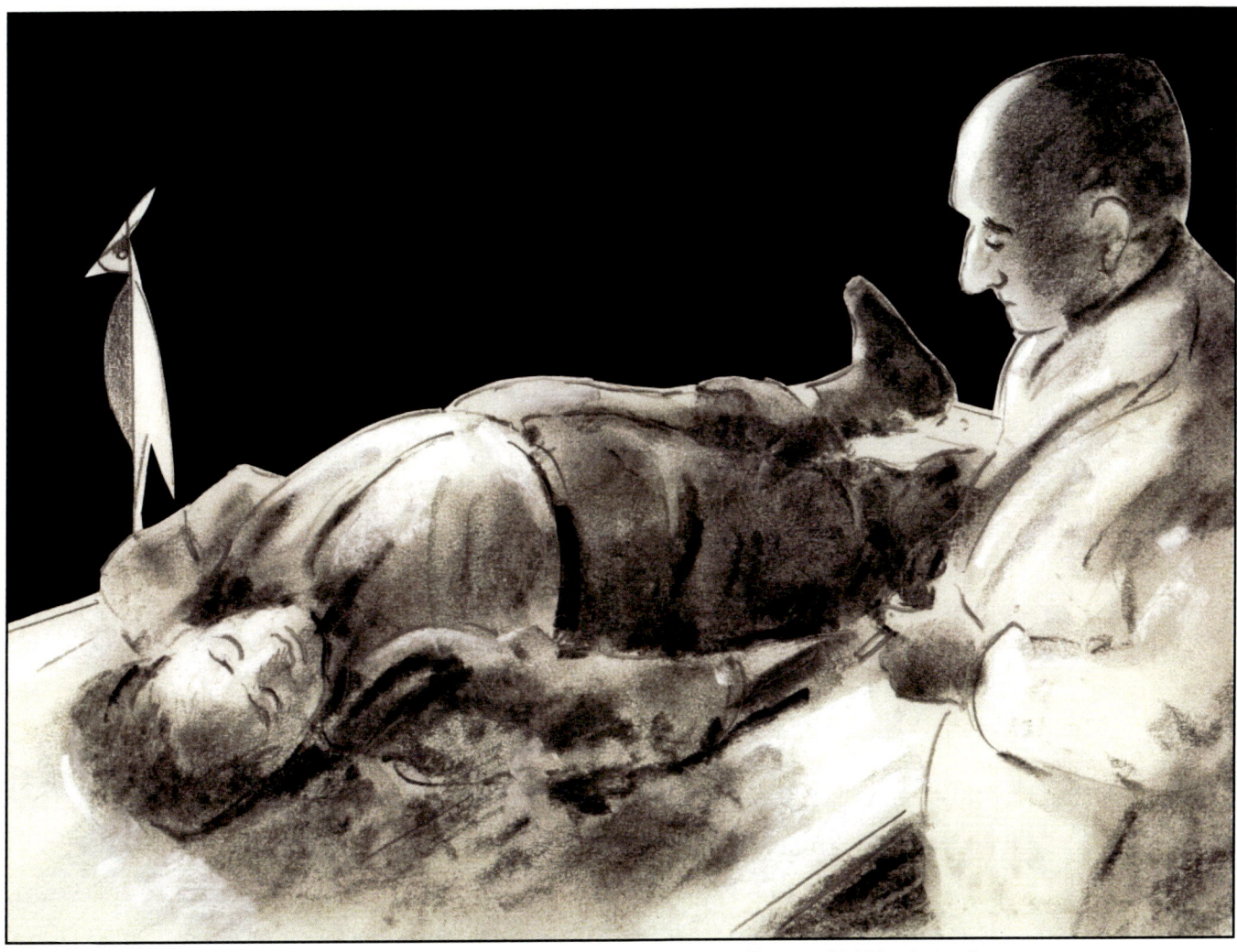

Reflejo! y ademas vueltas y másss... siempre lo mismo y ya el menda se aburre. Por este Yo! Voy frotando y dando lustre al enano que manda mi ejército que tan de pronto se me llena de gusto la faena. Que lavo todos los cubiertos (menos uno el de la suegra) y con A rrojo canto versos al Absoluto.

Lo que un tuerto exige (y va de luto), es comprar todo a la vez y eso no compensa. Paro y me amarro el ojo! pa darle con gusto por el de Lusitania y sigo dale que dalee... así a tal ejemplo y repitiendo el mantra por lo sano , tal vez me aprenda por lo noble algún oficio espiritual sin darme cuenta.

Por defender mis ideales, así estoy de funesto por darme el republicano un tiro en el cogote. Así que de aquí el vaticano ha decidido (no a mi gusto) emanciparme al otro sitio, (tierra lejana)... sin vuelta. De los 300 de mutantes dos ya han subido a ver al Pedro (por si les abre) sin pasaportre y sin na de más, otros los demàs y to el resto, por lo obligado tendran que subir a pie.

Amanece y me voy al rio para la pesca de besugos. Por el tamaño de este pez no me vale un anzuelo, pos ahi va! les doy con la caña en el pescuezo y luego se los llevo a la parienta pa que con gusto y sazonaos me los ponga arrepentios en la cazuela y con espinas ya que así lo recomienda mi dietista, porque esas cuando llegan al estomago se comen toa la grasa, la orina sale bién y la pròstata lo agradece.

Situados ellos unos nobles en posición olgada y bien seguros a cubierto, però Mola (general) que tropieza en falso pie y el Sancho sin verguenza se me incrementa como un tal monsenyor de Salamanca. Yo pa que aprenda la doncella como las gasto como Quijote, le otorgo al Sancho un definitivo cristiano sin menguar palabra alguna y lo dejo al descubierto de ipsofacto (como en Las Vegas).

Acordaos siempre en la faena y pa causar buena impresión tener todos los cañones perfumados (con sandalo a poder ser). Por eso y así me lo tengo que cargar por sospechoso al Stanislao, cuando en subidón por vodka da traspies uno tra otro que ni pa tiro de caballo chamusquao de tormenta. ¿oh me cambian la escopeta oh no hay manera de acertarle? Por mucho que le tiro...

Ido Paco: Dejando tus infantiles en investigación, vas a entrar en ese juego ¿nuevo para tí creo? I así convengo en avisarte del peligro del disparo que ya viene indudablemente para ti que es. Pero... (a ver si explota y me cargo a la parienta)

Por cada palabrota que digas Sancho al Carlitos que va pa infante de buenos modos de ahora en adelante y aunque estes por contagio con más sueño principesco que un lirón, antes que cante el gallo del Palacio, juro por lo sano que te duermo a garrotazos.

Si podemos en su aumento vemos velló en la figura épica y tan bien dotada. Puerto de lo eterno es esta tierna respetable y fèrtil. Yo participo en activo en todo lo que se me presenta firme, de lado, o al reves y así porque conviene sobre todo al ser primo del otro Vicario. De agradecida (aunque es feo), mi parienta se lo come y Santas Pascuas.

Al col·legio de la villa llevan al pollo en la maleta. ¿Que trabajo tan atroz piensa Paco?. Tan solo
pa ganar dos duros y to lleno de marqueses il·lustres encima del potro loco de la huerta y a mas
la bella il·luminada. Juro que si acabo las esistensias, les vendo el burro malo.

Todos los niños son indefinidos aquí y allí (me lo creo por verlos inexistentes). Los hay de buenos limpios rubios y otros que van de salvajes vertebrados al ser morenos sucios a los que habre de domesticar pa tiro de animales. En poco tiempo por fandangillos y dando al porron de tinto to me la suda y así de presto, Por alegrias y por buen cante liquido el asunto.

Quien quiera ser bendito, que acate con sin gracia lo que yo digo, todo ello mucho o poco y a más bastante bueno hallaras en oferta... a buen seguro. Asi lo apunto pa mi proximo discurso.

Un acto solemne: Con gran cultivo y divinidoso actuare con precision por la retro corona. No es preciso
ni tampoco demasiado conveniente averiguar por lo de inquisidor...su procedència.

Después del sofrito...No vayas por estas calles que es de noche pirula y hace frio. Però el Tenorio de tan chulo y acrobático se me rebela y quiere intervenirme a la francesa. Pierdo la paz y le despido en la RENFE. Luego me entero que se ha ido pa muy lejos con otra que es de la China.

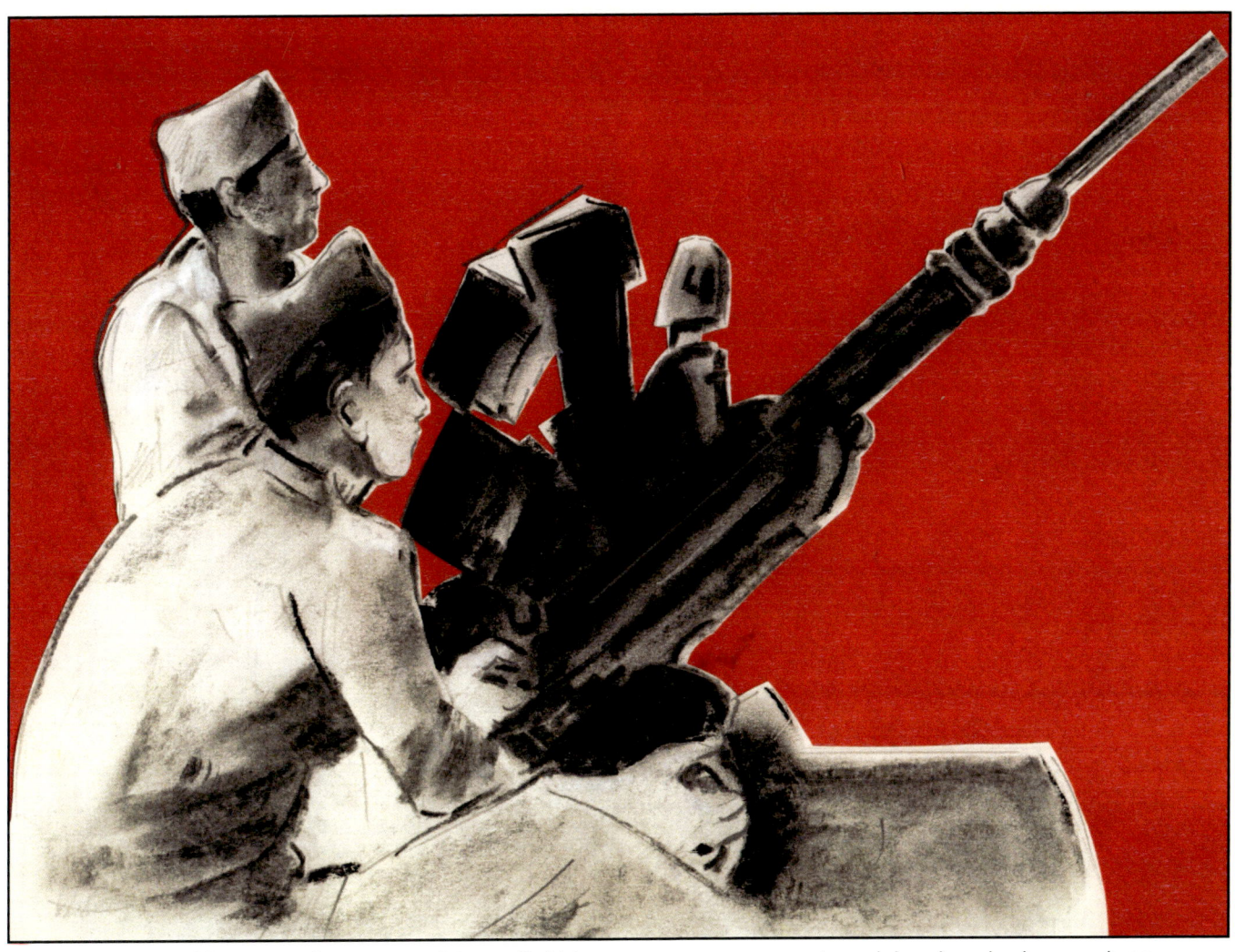

Son seres tan acrobáticos que quieren reconquistarme .To bicho como ese se me presenta a mi derecha volando con aplomo y yo por educado lo respeto en abstinència como tal. !Acuerdense! Dado el peligro y a más... si ese es salesiano y va pa cura.

Aqui todo va de humo pa una que no fuma, Bueno! de cuando en cuando un pitillo a lo más, y cae
uno en el potaje con aplomo. Las cifras son... como indios pensables pero siempre equidistantes
pa los mortales y todo lo que ha de venir...Ah y me la suda ese conde del Horgazmo.

Mamífero furibundo no acierta a ver donde pone el cucharon ¿Que hacemos? mando en la faena, y
debajo otro (no el verdadero) procurando no sacar la cabeza de la cazuela !por si acaso!.

El Zoo en perfecto órden, para una caza culta y aromática con especias felinas y todo lo que es de menester por misterioso. A más por solfeo armónico con movimientos no fiables y tampoco siempre detectables. Ellos los Ultra... rápidos y a coro por solfeo.

Al humano (medio caducado este) en varias partes hay que dividir. A cañonazos y así me lo han enseñado pa que no despierte: Las estremidades (faciles de romper si hay exsperiència), el Tronko que es parecido al del arbol, però más blanducho y duele un golpe y en la Testa también aunque aparienta dura.

De chavalillo he trascendido ya por lo de grande a general- Íssimo pa toda la plebe ministeriosa i concurrentes sin excepción
e implicados por mi genero edicto y ámen. Y junto y a más hermanao con mi compadre ese el Milan que comanda toda la
Legionela (virus que da calambres)i tal sujeto me pide que le preste al Nosferatu por vampiro y lo consigne como bueno.

Hoy me pongo guapo y con traje Bueno pa subir con ascensor al Coliseo. Así la concurrència por cojon
que anuda me tiene que aplaudir. La tarea de matar hoy se la dejo a mi león ya que con poco se contenta
y a más no hace falta aplaudirle. Por eso animo a todos los de la jerarquia y concurrència peninsular
a participar en el tablao que acabo de montar con jabugo influyente y además de franco.

A los moros que siempre me acomañan son tan de buenos por cortar frentes populosas que de antepie les he enviado una foto del Largo Cabellera bién vestido, uniformado y con cuchillo pa que les sirva de modelo al cruzar la pasarela. A más a esos no les hace falta ducha, el perfume (ques santificao) ya lo llevan impregnado por batallas y huele a bendita Gloria.

Ahora ya llegado a mi Patria le he traido mi gato condecorado al Santiago ya que se lo merece por ser este también religioso y gallego acreditado y a más también por ser santo de mis devotos, El viaje lo hecho por buque guerrero ya que el andar es pesado pa mi culo (por lo grande) i la astrosis esa, me acojona.

Cuenta Hazaña: La caca (mierda a secas) rica en frutos se inclina siempre a tierra. Esa la que no tiene grano (ya que en capilla rica no puede tener) procura expresarse según termino olfativo, con elocuencia en la natura. Conociendo como soy a los perros se la tiro y me quedo para mí toda la buena (no la simple), o sea la eficiente.

Estimado Vito: Tengo la satisfacción y con su benevolència, poner en desarrollo un E pisss (liquido de color amarillo que se expulsa) copado pero sin burbujas. Para tanto desgate y pa ponerlo a termino, necessito su permiso pa investigar con rifle en mano una muestra junto a sus soberanos, hecho que ya veis en esta, la mía no es por huevos ni por falta de talento.

A este el Segismudo le hecho un consejo de guerra, por manubrio suelto de metralla y cargarse en la fiesta de tan
subido por lo del tinto, a dos toros sin dar cuentas. Por lo caros, esto no se lo perdono y he pensado que antes de
mandarlo al hemisferio con los arcángeles, le cuelgo la cadena gorda y va directo pa el de abajo. (otro toro).

Ya en lo de abajo. Aquí huele todo raro y me lo dice un esvastico que procura conocerse a si mismo
y pone su nariz en el directo a ver si huele. Por fín acierta y se il·lumina. Eso si aquí la companyia es
buena pero el Lucifer por lo puesto y lo calientes que los tiene no le va a perdonar ni una.

Después de la consumada llega la prima ¿Llamese morisca?; Allà por tiempos del otro Felipe, idéntico que el mesmo. !Este! también por grande acierta, ordena y exspulsa.! Los cinco primeros tintos le hacen efecto y acierta en su cruzada por ser hombre de aguante y tener el derecho grande (pie). El izquierdo siempre le falla.

Diisima Carmencita: En mi poder la tuya del 18 (veraneo ya rosco) y tu ya isima por intelecto puedes figurar no por lo que no viene a cuento, el ser Pito pequeño però diestro en la campaña, ya que en este diminuto aún hay petroleo y pa destruir ques lo mio lo debò de aprovechar (el poco que me queda).

Sofocado por lo intenso: Llega la imagen de la fermosa. (parte del cuerpo por debajo prominente) Aunque supongo
serà por la edad el que me causa cierta extrañeza que este todavía sin solucionar el no poder ir yo a pelo. Desliz
que el tribunal (Inquisición) la hubiese y no presumo. Mientras...? muestro mi cortijo de fuego duro y ...

 así aparezco por ahi y las pongo pa que luzcan con precaución junto a esos fachas depravaos (amiguetes), a no ser...
que pase mucho tiempo, que una bala diligente les de cabalgadamente en el florero y mueran sin pestañear.

Ya es jueves: Segun el soviético como alguacil bueno colocado de manera astuta y dispuesto. Aquí todos los huertanos se colocan en corrillo y en breve va a empezar lo primoroso. El primero que sarrastra tanto por el suelo, que ve a uno que se pone a tiro. Silencio absoluto y luego va lo religioso.

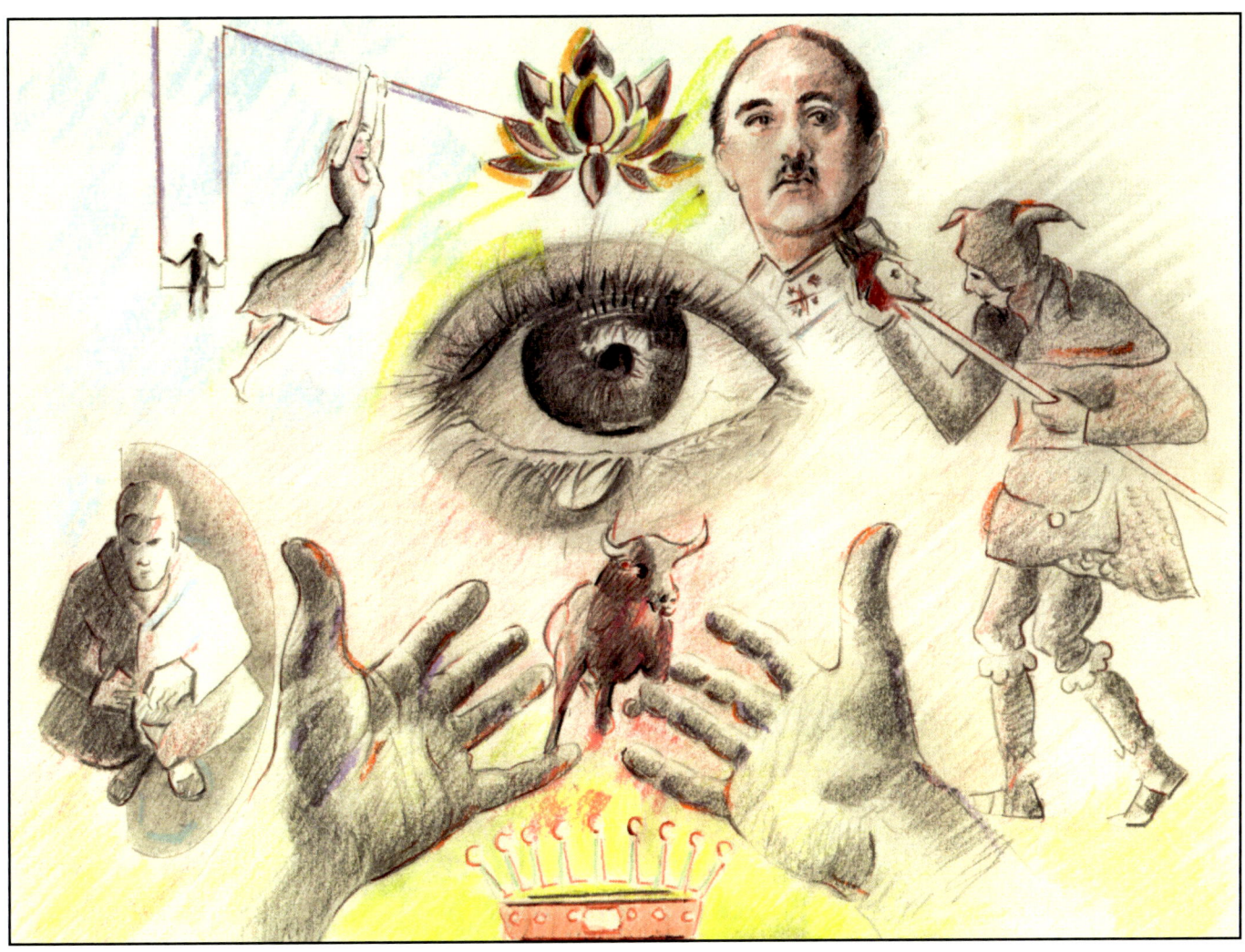

To los míos al ser gente acostumbrada van al rezo los domingos y cantan de cara al Sol. Eso no viene a cuento, però ya puesto que pasan por ahi, aprovecha el arcángel pa practicar y les bendice y ...aún no ha terminado el asunto que mi nombre ya rebota a los pies de la Bermeja que es muy fea però cunde.

Curso en el de Toledo de brazo y con la novia: Si no tengo que repetir te auguro que nos vemos ante
una de aviación y más ahora lo veo a cuenta, ya que a falta de generales, jefes u oficiales. Según como
vea el asunto si aquí hay metralla? se lo propongo a ella y me apunto pa voluntario.

La liberación de antemano y con la que se presenta hacia arriba. hay puestos Hit de buen ver para comprar, pa vender
y revender, y todo en tamaños distintos. Yo lo aprovecho; me dirijo a sus huevos y tiro... Bién por mi labor!

Absorto en lo divino. Hemos aquí en la trinchera con los fachas, sofocao por lo bueno de la leña que han traido. Y esto se puede apreciar en las vigas de los tejados que he mandado bombardear, tan solo por antigues ya ardent un mogollón, así desta manera yo la saco afura por caliente y ya no hay quien pare a mi bayoneta por caliente.

Espléndido !Ordenado el recinto!Bien! Flor en lo alto y la comulganda que va de blanco. !Ufff!
Que gozo esta hermosa que yo encuentro de buen ver... colgando de el trapezio.

Aquel, el otro su pariente i uno a por el otro y Yo...tan prolongado de contento, que me quedo así y... van
llegando también el Hitler el Mussolini y su primo tan mal herido y cuando más cerca están se me sube y
los coloco en su puesto pa que los pinte el Picasso encadenado. Que bueno y sabio fue aquel día.

Después de la reunión fuerte dolor por el cauce misterioso que es muy mío. Profeso y humilde lo siento más. Por tanto debò cuidarme en virtut, ya que sinó es pecado de continència y es el deber del pueblo llano ser tan plno y singular a mi llegada. Pero... ¿parece que ya se han ido?. Lo estoy viendo, però a gran altura todo decreceee.........

i por de pront se me interrumpe el vuelo però con doble giro y vuelta por abejorro i tàctica mariposina,
tttrrrraaa....dejo a un espavilao trincado y lo amarro a los demàs que caen por lo de tan simples y así !Triunfo
i arrimo el codo... to eso por estar aquí... a la que es puríssima rezo. Pa ver si me toca la loteria.

Sancho me mira desde abajo para que le deje torear. Por respeto y por caballero busco y sudo a tan altura que no veo ni encuentro (algun garbanzo de cuando en cuando) Pues ya veras que de esta suerte de estar en el espacio es porque de El nos viene todo y al Hazaña (Presidente) por fín le encuentro y me lo pongo a tiro...a ese de seguro que no le dejo pasar ni una.

A cada niño una porción igual todos los días y opto por quedarme aquí. Mientras en seguro también y ¿por si acaso me tiño de rojo?, voy levantando en mis buenos ratos un muro defensivo e insondable de obligado por profundo... casi perfecto.

Todo es ruinoso y ya solo vuela una paloma por el Cabo (que es la que a mi me hace compañía) pero la escena tal es la vez, que se me encoge demasiado. Heme pues aquí sin voluntat ya que son tantas las desdichas, que no me atrevo a nadie y así por ser tan de Franco y apostòlica. Paso a paso... aún sigo viva y coleando.

Como tan suspenso estoy. Solo gusto de ver y oir canticos de desfiles militantes con callós y alegrias en los pies. Así con el sueño rendido... amanece un nuevo día y !Mi gallo!, por Caballero él lleva una gran confusión también, (por eso no quiere cantar), más venga lo que viniere todo es para su bien. Así de turno y entre rejas los veo bién esbelto !ademas! es fiera honesta y nunca disimula.

LAS ESTRELLAS

Es preferible morir de pie que vivir de rodillas
Dolores Ibarruri

La mujer ideal

¡Las mujeres nunca descubren nada les falta el talento creador reservado por Dios para inteligencias varoniles.
Pilar Primo de Rivera

En un episodio cualesquiera, los buenos siempre ganan al que no és; Más! si el malo por lo ques, hace gesto pa llorar y a sabiendas es rojo de "Super" frio y lo puedo demostrar. Irrumpo desde arriba del estrellato y distintos todopoderosos con la cresta bien peinaa por la Dolores me preguntan el porque...Yo el como me lo guardo en el fregorífico.

Las proposiciones a mi cuerpo le molestan, si son estrictas tiene un pase porque de flojas ya tengo bastantes en alerta
por el Satánico, el otro (ojo derecho) me lo tapo por inútil i abandono en la trinxera antes del ataque difinitivo.

Esos moros que me he traido. a los rojos se los cargan a millares y yo ya estoy pensando en problemático
que esto ya es por de más y hay que poner remedio. Me llevo pa Semana Santa a to esos (los arrepentios)
pa que luzcan de penitentes con cadenas y con eso monto un NODO (documental por excel·lència).

Y aquí como elevado !Mirad!. Venga este templo que subo por alto i por ser su amo. Esto hay que arreglarlo pa cuando yo tenga que ir al baño. Queda sin duda a cubierto sin duda lo básico para que así siga funcionando (siempre si viene al caso).

Tres años con esta de mala tripa.Pues ahi un buen consejo; Los trajes se me han de acomodar con el oficio
o dignidad que yo profeso – No regreso y heme aquí en el puesto adosado a mi retrete. Así pues... charlo
con lo divino y si alguien llega (pues de algo se ha de vivir) –Deme usted una caridad.!Digo!

!Nada! que estoy resuelto a postrarme ahora que luce el sol y ahí en el corral tengo el ganado
(buenos azotes le doy) ya del todo domesticado, por esto he pensado... y los mando certificaos
pal Manolete ya que el trafico aumenta y muchas de las capitales ya tienen Plaza.

Paz sea en este lugar: Si bien considero que aún siendo buena acción de entendimiento la que profesan esos de La Orden, la fuga de poyuelos crece y tengo que hacer con mano dura, no vaya a perder lo que tanto tiempo me ha costado. Por otra parte me he prospuesto considerar donde tienen invertios esos chavales to los Ahorros.

Has de saber, Sancho que es por bueno y de caballero hacer la faena de Escudero y cepillar al governador to
los reinos que el gane. Por tanto bién podria ser que antes de seis días me apropie yo de tales. Y no lo tengas
a mucho claro que... ¿dandose el caso?, con facilidad te podria más poco de lo que te prometo.

Al fín y al cabo !quién manda aquí!

A mí la corrida me gusta mucho ya que el toreo me viene de família y por Génesis que lo disfruto, más si la plaza esta llena y a la Carmen la encuentro bién, por maciza. Ella es la que me informa de la pose a adoptar pa empezar a torear, porque el espectáculo va pa rato y de essse Arte ella entiende un mogollón...

aunque ella siempre dice que pa hacer buena la faena no hace falta mucha escuela, sinó que se aprende practicando. Así desta manera yo quedo por lo practico agradecido. !Eso sí! La oreja (la del toro) cuando la corte que la envuelva y me la meto pa paquete, porque así lo manda el Obispo.

Al Bravo de la Patilla (General adroctinado) hoy le he puesto una medalla por subirse al tejado del Monasterio (que esta muy alto) y sacar pistola en mano a esos de la Red Pública y ya era una semana por Peligro...

el culpable de este hecho fue el Orgazmo (yo así lo veo en prespectiva) y reflexiono montado en Rocinante. La culpa se la pongo a los platós de la fiesta, ya que uno por disciplina y por limpio se los pone a lavar de tan sucios que los ve ...y sin darse cuenta se le escapa la manguera.

El prado belicoso sigue bién y así como y sin llevar cuenta, sigo montado echando polvo por ya tantos años de carrera y...
que me veo navegando por campos cervantinos to desiertos, alguna molinera de cuando en cuando y yo por respetuoso
saludo a la moza por mucho el merecerse tan bello patrimonio...al cual espero por lo pronto bautizar de artilleria.

Tengo en el circo tanta cuenta pendiente con los coloraos esos...que a muchos los he puesto en el centro de la pista, y eso que hoy me levantao con el lado bueno, sinó los ponía en el fregorífico pa guardar. Perfilado de cateto y así de lado, los mios (como yo mando) han elegido mi esfinge para hacer de sello de Correos.

La gata esa de al lado de los cojonudos, de cuando en cuando le da calambres y eso lo acusa de recibo después del rezo por tanto relicario. Con Cetme (fusil pa asustar) el mozo uniformao se la lleva a la Olimpiada y va pa prueba (fuego a discreción)

Tente ladrón, malandrín, follón; que aquí tengo la lanza ya dispuesta en la izquierda delante de
tan gigante (molino hecho polvo) ¿y si en vez de la bandera en la derecha la cambio y desenvaino
mi espada de archipestre? Ten pos cuidado ya que esa va de mercenària y duele.

Escucha, pués, y presta oído, No al concertado son, sinó a lo frondoso que tanto y del hondo
amargo de mi pecho, llevado de un desvario por mucho campo y por gusto mío. Salgo to lanzao
a despecho y... rrrRRRUUUGEEeee... el león, el lobo fiero y el temeroso aullidoooo...

y de tan bién aconsejado por el Vicario me tomo su Jarabe (El Molinero) y ese por lo fino que me despeja la mollera y limpia tanto la barriga en su andadura, que igual que entra por la boca, sale la materia toda espesa por el ojo de atras del Rocinante. Así de ligero y sin estrecho la emprendo contra el molino (que es muy fiero)... però me tumba.

Los campos de entrenamiento miento y digo bién que son malos para segun que cuerpos, però siempre ques lo mismo. Los de cabeza grande por intelecto, los gordos pa fumar puros y el malo que por galope pa su bién le suda la montura. Al resto cuando suben por la cuesta... mucho aún les queda para la meta, a más de esos solo quedan cuatro y por lo que olfateo no creo que aguanten ya mucho rato

Hoy pa celebrarlo invito a to los niños para que canten a la Victoria ya que esta ya es mía, no se termina y pa tanto hay que afinar pa lo dispuesto. A más propósito aprovecho pa decir que a partir de hora se avecina to lo bueno, mientras... tengo en firme poner una tumbona (mejor con ruedas) pa mis rezos, así de paseo y sin enterarme hago todos mís espirituales.

Para iniciar el viaje mi cuñado el Serrano, me ha mandado un jamón de los suyos con diploma certificado por notariado, de que no existe veneno en este y así por lo caritativo hago repartos durante la mediterranea travesía. La paletilla del ibérico se la doy primero a Nicolas (mi hermano por sangre bendita) pa que la pruebe, porque uno por precavido y por pariente, deste Serrano aún no me fio.

A la que tengo inscrita por compañía en el crucero la mando pal Pozo (general) pa que la mire y ese por agradarme me manda un telegrama en el que me dice que a ese ruso el Estanislao no le gusta por flacucha, asi que yo he pensado en la otra ques la que tengo pa reserva, aunque es más rica por lo caro pero más roja por tomar el sol en la Baviera.

Verdaderamente si bien se considera, a pesar de mi buena voluntat me los llevo por cautivos a to esos
que se exilan, más puedo decir a buenas que lo hago por compàs y raya ya ques tanta mi caridad que
en los hoteles no cabe ni uno más y eso por frofundo hay que arreglarlo por lo simple.

Despues de un buen estofado de mendrugos, a todos esos los he mandado para el Prado (museu que colecciona), asi ya de paso que vean los fusilamientos de un tal Goya, (pintor de la vieja secuela) y que se fijen por lo bien hecho de los franceses y pintado en tos los detalles, a buen seguro se acojonan.

Hoy he mandado puntual en mi faena, por el recto y asi directo un petardo, però ese con retardo revertebrado ecooo acústico, tal efecto ha provocado mi sopositorio de receta pal mareo que me ha dado el boticario (en vez de uno me he puestodos). Que ser tanta su expulsión, hasta el Churchill desde a lo lejos me ha felicitado.

 Así pues uno alcanza fuerza corporal por el comer y mandrugar como es de ley por tanta Travesía, !a más! si uno manda por lo de bueno y con diploma, que a lo mejor uno de esos rojos esta de acuerdo en la gestión que nos ocupa y se pasa al negro,(otro color) y así lo vendo en estas latitudes como esclavó y hago un buén negocio.

Uno así de fino como el de la acera de la frente toda lisa, he pensado más de una vez en tirarme por la borda pa pegarme un remojo con la helada, porque dicen ques tan bueno para el cutis, en un zis zas !chocaaa! el barco, me amarro al bote los recojo y así... a los que saben y aún no ahogados me los llevo pa rezar en mi capilla.

Los otros que no caben el inmenso por remojo se los traga, más por pequeño que es el mundo estamos al lado de una isla y lo se por el Pacha (rotulo discotequero) que nos da la bienvenida. Aqui no viene mal una noche de jolgorio y de pecado, ya que después de tanta travessia a nadie le amarga una pechuga. A más esas gordas (ballenas) no estan pa hostias. Cuando abren la boca se lo comen todo!

El otro día al ver volar por cañon simple a uno de esos de la Red Pública, he pensado —Digo, pues; de tal manera que ya con ese son tantos los que he mandao ya para arriba, que en algun sitio los ovnis tienen que estar. Lo que a mi! un SOS me ha llegado en sobre intersin sellar. A bien seguro ques de alguno desos rusos que disimula y me monta una revolución.

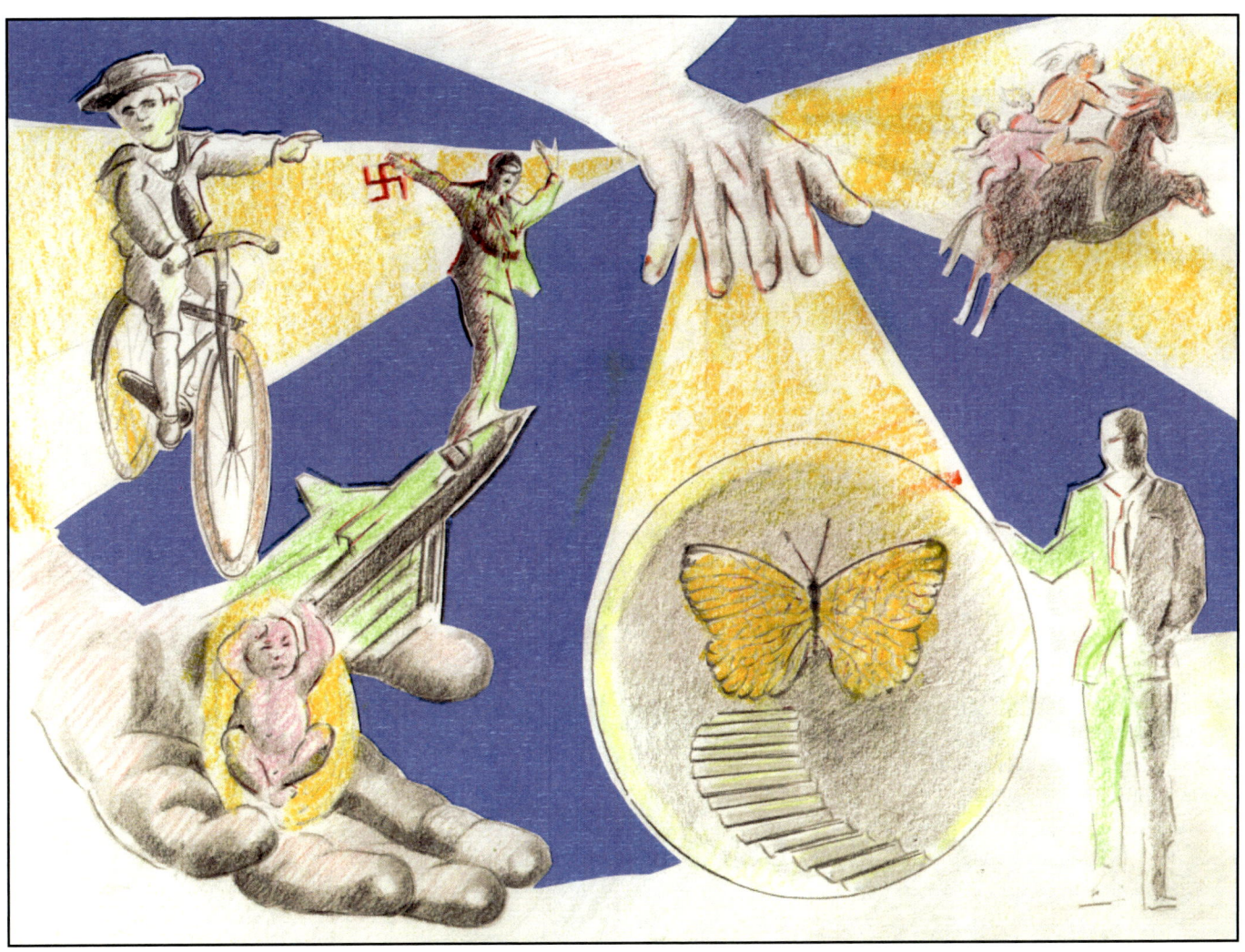

Al germano transpirable le he mandado pa investiguar en el satelite y de paso a ver si se tuesta un poco ya que por olfato transpirable le huelo falto de vitaminosis. Alli seguro que le va bién y lo digo por el poco osígeno de la estel·lar, y el esvástico por bigote comprimid lo que es de aire poco respira. A lo malo sinó mejora, le mando a mi peluquero pa que se lo afeite.

A mi el Pío Pontificio de la Roma me ha confesado todos los pecados cometidos, asi ya tengo pa repartir tres partes para el nuestro y cinco para la Maria, la hostia de turno se la doy con guante para que el daño no se note tanto y pare de llorar.

Por lo demàs se lo perdono todo y el como embobao sin decir ni Pío. Así que de contento
le he apuntado a la Doctrina de los jueves ! Y Ojo que no falle!

 Problemático como estoy en busca de mi sucesor echo mano donde puedo, por eso he resuelto antes que se fugue
el Conde ese del Barça. Me preste a su hijo el Juanito pa que le eduque en tan alta empresa. Alto y omnipotente
ya lo veo montado encima de un elefante (antes que se lo carge) en un futuro acomodao como Alteza.

Así ya puesto por el Firmamento. Le dicho al Tolino ques más huesos y a más es Otorrino, que me empalme un espejo en la oreja que prefiera y así por demo y gracia, pueda avistar ya todos los movimientos estelares, de ellos se habla mucho y yo aquí vigilando sin verlos por ningun lado. Yo pienso ques por lo rápido que corren las notícias de mis victorias y esos de arriba estan acojonados.

Decía ya mi abuelo "Paco ten cuidado con los amigos destos templos Vaticanos". Por esto ya puesto en el tinglao me apresuro y cobro un tanto por cada uno que se confiesa, no vaya ese catedralicio a creerse que voy de gratis y aún más cuando le doy la bendición. Luego pa que no olvide quién es uno, lo cojo por el pescuezo y no lo dejo hasta que reza por tos mís Santos.

Es tanto el montón de pasta acumulado, que he bien pensao en una y va pa buena la solución. Las Vegas tampoco esta tan lejos si me monto a uno de Iberia, a más creo que esto del juego es pa sacarme to lo de mi bueno. Así de paso lo aprovecho y me traigo al Sinatra con los mariachis, le pongo en la Monumental y además de franco pa distraer al personal. !Eso si! bien derecho y uniformao.

Como todo ya lo relaciono con la temàtica de combate, contrato a una pa que llore, así me aprendo el truco y a ver quién es el Valiente que se me pone por delante del monumento (mausoleo)que he mandado construir, Yo aquí voy pa tenerlo todo numerado y calibrao como Dios manda, no como allí en el Ebro donde eso rojos dejaban to los huesos dispersos por el monte.

A ese abejorro he pensao en ponerle de detective espiritual tipo Jens Bon y así ya puesto junto a sus parientes en la faena, les mando que me vigilen desde lo alto to los kiosko donde vendan el Jueves, ya que este por lo de ser día tiene un pase, però lo ques por revista no la trago por tenerme de manía y sacarme to pringao. Juro que si les cojo les monto un pollo que ni por Navidades se lo tragan.

 A eso de ir Wall Estrecho le voy a sacar provecho por lo bién recomendado que uno es pues me he
aprendido unas trucos que el Sinatra me ha enseñado y eso me va avenir de perlas pa jugar. Estos tienen
tanta pasta en sus bodegas que con cuatro de mis buenas jugadas (faroles), se las cambio por un contrato
pa cantar con el toro de la Legión y me monto de aperitivo una Banca aquí en las Vegas.

Por eso de por y tanto Caudillo que aún no me lo creo, este blando ques mio (cerebro) ya no me cabe
en la cabeza por lo de alucinógeno y por ser tanta la adicción al puesto. Así que he ido al forense pa ver
si encuentra otro un poco más diminuto de tamaño y me lo cambie. Eso si sin daño y a poder ser de
derechas. No sea que aún me repercuta el viejo (por simpatia) y me carge a ese curandero.

A esos los polacos les tengo tanto de aprecio que los pongo en el Hotel Habilitado pa que aprendan a respetarme. Por los metros que esa tiene por morro (mazmorra) por lo Grande y por no Libre, hay pa horas de barrer !AH! y el fregar tampoco se lo perdono.

Ahora ya familiarizado con to lo festivo religioso le he dicho al Jefe (que ni Pio) que me ponga a mi en su lista de primero pa Pontífice ya que el también lo es y así a más y bién por la labor que sumo de almas buenas registradas que le mandao pa beatificar sin ningún gasto por vestimenta ya que son muchas las que caen ya pa abajo to desnudas.

En la Puerta del despacho he colgado dos caracoles pa que así cuando tenga que llover me den el toque de queda! y
así comiendo churros firmo las sentencias de ejecución, ahorro el agua pa bendecir y el obispo lo agradece.

Este parrafo camuflado va de franco, ruega abstenerse el sin permiso del autor: Si jugares al reinado, los cientos o la primera, Los reyes huyan de ti, Asnos y sietes no veas . Si te cortares los callós, Sangre las heridas viertan, Y quédense los raigones, Si te sacares las muelas. Cruel Vireno, fugitivo Eneas, Barrabás te acompañe: allà te avengas. (ese verso es del Cervantes)

A ese par los pongo en un avión desos de la argentina y así como quién nada dice, me los tire desde los diez mil. Por tanta altura, por remojo o por lo de grande deste Océano; sinó tocan fondo por lo profundo y tampoco se los mendrugan los grandes peces (tiburones), a lo mejor por naufragos se establecen en la isla del Cervantes y ese se inventa una historia en la que no pierdan.

Y ya bien puesto en mi Reino: A ese el que me ha traducido esta bibliografia, he mandado que lo busquen para darle mí felicitación por lo todo lo aquí escrito, ya que de esto entiendo un rato por haberme tiempo haaa. ...leido todos los Episodios Nacionales del Benito. Por tanto le he dicho al sargento de la que tiene tanto mérito, que le ponga una buena contradecoración en la solapa (la de abajo).

Creo pués que no es atrevimiento, el pedir al editor que el tal cateto ponga su cara para que así me
quede con el; en dibujo ya me vale a más si sale con la bruja que le inspira, por acuse y recibo le mando
a la susodicha envuelta con el jamón serrano de turno... a la Modelo (carcel sin calefactor), a bien seguro
que le dura ya que es tacaño y polaco. A esos el frio pa sus huesos les viene la mar de bién.

De cuerpo caducado però interrumpo por Santo y porque soy Yo. Aquí quedo enteramente
habilitado, en este magistral sarcofago que man construido tos mis devotos.

Y ya bien puesto en mi Reino: A ese el que me ha traducido esta bibliografia, he mandado que lo busquen para darle mí felicitación por lo todo lo aquí escrito, ya que de esto entiendo un rato por haberme tiempo haaa. ...leido todos los Episodios Nacionales del Benito. Por tanto le he dicho al sargento de la que tiene tanto mérito, que le ponga una buena contradecoración en la solapa (la de abajo).

Creo pués que no es atrevimiento, el pedir al editor que el tal cateto ponga su cara para que así me quede con el; en dibujo ya me vale a más si sale con la bruja que le inspira, por acuse y recibo le mando a la susodicha envuelta con el jamón serrano de turno... a la Modelo (carcel sin calefactor), a bien seguro que le dura ya que es tacaño y polaco. A esos el frio pa sus huesos les viene la mar de bién.

R I P i rap eternamente...

El 19 del segundo milenio pahacer la punyeta (otros rojos) me embargan a otra de residente pa mis huesos i ahi han de seguir... pa el bién de todos.

En fin Amaos los mios y no a los otros.